AF266899

LE COMTE SIMÉON

DISCOURS

PRONONCÉ A LA SÉANCE SOLENNELLE DE RENTRÉE

DE LA SOCIÉTÉ DE JURISPRUDENCE D'AIX

(CONFÉRENCE DES AVOCATS)

LE 15 JANVIER 1868

PAR

HENRI GOURDEZ

AVOCAT A LA COUR IMPÉRIALE D'AIX

AIX

TYPOGRAPHIE REMONDET-AUBIN, SUR LE COURS, 53.

—

1868

RENTRÉE

DE LA SOCIÉTÉ DE JURISPRUDENCE

D'AIX.

LE COMTE SIMÉON

DISCOURS

PRONONCÉ A LA SÉANCE SOLENNELLE DE RENTRÉE

DE LA SOCIÉTÉ DE JURISPRUDENCE D'AIX

(CONFÉRENCE DES AVOCATS)

LE 15 JANVIER 1868

PAR

HENRI GOURDEZ

AVOCAT A LA COUR IMPÉRIALE D'AIX

AIX

TYPOGRAPHIE REMONDET-AUBIN, SUR LE COURS, 53.

1868

A Me JULES CRÉMIEU,

Bâtonnier de l'Ordre des Avocats,

Président de la Société de Jurisprudence d'Aix.

Messieurs,

Autrefois l'avocat, le jour de sa réception, promettait par serment d'honorer la mémoire des anciens de l'Ordre. Cette coutume a disparu, mais la pensée qui s'y attachait est demeurée vivante, et, pas plus aujourd'hui que par le passé, on ne saurait dire du barreau qu'il a déserté. le culte de ceux qui l'ont illustré. Pareil reproche, d'ailleurs, ne nous a jamais été fait, et à qui nous l'adresserait nous n'aurions qu'à rappeler le soin pieux avec lequel la plupart de ceux qui m'ont précédé à cette place ont pris à tâche de faire revivre les grandes figures de nos anciens avocats. J'ai voulu suivre l'exemple de mes devanciers, et c'est encore de l'un des nôtres que je viens vous entretenir.

Parmi les hommes qui ont jeté le plus vif éclat sur le barreau provençal, il en est un qui, né vers le milieu du dernier siècle, poursuivit sa carrière jusqu'au milieu du nôtre. Homme de l'ancien régime, il devait assister à la chute de cette société, où il avait marqué sa place, traverser, non en spectateur, mais en lutteur infatigable notre tourmente sociale, et, après avoir laissé son empreinte dans le grand sillon révolutionnaire, demeurer pendant longtemps encore l'utile serviteur du nouvel ordre de choses qu'il avait contribué à fonder. Pendant près d'un siècle, son existence est vouée tout entière au pays. Avocat illustre, professeur éminent, administrateur de notre Provence, au moment où elle lutte pour sauvegarder ses vieilles franchises, il assiste, sans déplaisir mais non sans quelque méfiance, au grand réveil de 1789, et, après avoir expié, à deux reprises, par l'exil, la modération qu'il a montrée pendant les mauvais jours, il apparaît dans les grandes assemblées de la révolution pour y devenir, sous l'empire des excès commis, le sage promoteur d'une réaction morale, et, plus tard, sous la puissante inspiration du Premier Consul, le laborieux rédacteur du Code civil. Avec l'Empire, il retrouve le calme qui convient à son esprit, et continue à participer au grand œuvre de la rénovation sociale jusqu'à ce qu'envoyé de nouveau parmi les représentants du pays, il traverse, sans défaillance comme sans illusion, les douloureuses péripéties de la lutte suprême : enfin pendant près de trente ans encore, avec une activité que l'âge ne peut ralentir, il demeure au service de la royauté qui l'investit de hautes charges et l'appelle à siéger dans ses conseils souverains.

Telle a été la vie du comte Siméon.

Plus que toute autre elle était digne, dans une assemblée comme celle qui nous réunit aujourd'hui, d'être proposée à vos méditations. C'est pourquoi j'ai entrepris de vous la retracer. Non que je veuille la suivre dans tous ses détails et la faire passer tout entière sous vos yeux, — le cadre est trop modeste et le pinceau trop inhabile pour un pareil tableau, — mais j'ai pensé, qu'envisagée seulement par ses grands côtés, cette laborieuse carrière pourrait nous offrir encore de profitables enseignements.

Joseph-Jérôme Siméon naquit à Aix le 30 septembre 1749. Il appartenait à une de ces anciennes familles d'avocats (1) où, de tout temps, la science et la vertu étaient héréditaires, et auxquelles Saurin faisait allusion lorsqu'il écrivait à Decormis : « Dans tous les temps, nous « avons vu des familles illustres consacrées, pour ainsi « dire, aux lois et nées, ce semble, pour les faire connaî- « tre et pour les faire respecter. (2) » Avocat éminent et jurisconsulte consommé, son père Sextius Siméon, après avoir longtemps brillé au premier rang de notre Ordre,

(1) M. l'abbé Tisseraud, dans son *Histoire de Veuce*, (Paris, Eugène Belin — 1860), raconte que dans la seconde moitié du xive siècle, Jean Siméon, jurisconsulte de Veuce, délivra le pays des bandes de brigands qui, sous le commandement d'Arnaud de Cervoules, pillaient la Provence depuis les bords du Var jusqu'à Aix. Ce Jean Siméon aurait obtenu en récompense de ses services la charge de Premier Président de la Chambre rigoureuse (1358). M. l'abbé Tisseraud ajoute que la famille des Siméon tire sans doute de lui son origine. (Note due à une obligeante communication de M. Charles de Ribbe.)

(2) Lettre du 27 février 1721.

obtint en **1748** une chaire de droit à l'Université d'Aix. La réputation qu'il y acquit fut telle qu'il ne tarda pas à être appelé aux fonctions de syndic de la noblesse, puis à celles plus importantes d'assesseur d'Aix et de procureur du pays de Provence. Enfin, il fut reçu secrétaire du roi, en la Chancellerie, pour le Parlement de Provence, charge qu'il conserva jusqu'en **1788**, époque de sa mort.

Le jour où se termina cette utile existence, le successeur de Portalis et le prédécesseur de Jérôme Siméon dans l'assessorat, l'avocat Alphéran (1) plaidait à l'audience du Parlement. Il rendit, en termes émus, un magnifique hommage à l'homme de bien qui venait de s'éteindre : « La « patrie, dit-il, a eu en lui un administrateur prudent, « un défenseur zélé ; les pères de famille, un modèle ; « l'homme de bien, ce qu'il peut espérer en récompense « de ses vertus, la douce consolation de pouvoir offrir à « l'estime publique, comme gage de sa reconnaissance, « une famille instruite et docile à suivre ses exemples, « un fils digne, par les qualités du cœur et par des ta- « lents, dont chaque jour vous appréciez le prix, de « rendre sa mémoire plus chère et d'adoucir des regrets « qui ne s'éteindront jamais. » L'avocat général d'Ey- mar de Montmeyau, qui siégeait au banc des gens du roi, voulut s'associer à ce public hommage : « La patrie, « ajouta-t-il, a honoré M. Siméon de ses larmes, elle « l'honorera bien plus encore par la vénération qu'elle « conservera pour sa mémoire. Puisse ce souvenir, si

(1) **Mort, en 1808,** directeur de l'école de Droit d'Aix.

« attendrissant sans doute, mais si cher et si doux,
« consoler le cœur du fils, comme les talents et les
« vertus du fils dédommageront ses concitoyens de la
« mort du père. »

De son union avec mademoiselle Bressier, Sextius
Siméon avait eu quatre enfants : Joseph Jérôme qui fait
l'objet de ce discours ; Pierre Antoine, mort à trente-
quatre ans, capitaine au corps royal du génie, et deux
filles dont l'aînée devait épouser un avocat déjà célèbre
et qu'attendait la plus brillante destinée, Portalis.

Après avoir commencé ses études chez les jésuites,
dans sa ville natale, Joseph-Jérôme Siméon fut envoyé à
Paris pour les achever au collège du Plessis. Sa philoso-
phie terminée, il revint à Aix, prit ses grades à l'Université et fut reçu avocat en 1769. Il avait vingt ans.

Au xviiie siècle, tout prenait un aspect nouveau. Le
barreau suivait le mouvement général. La nature avait
séduit les philosophes ; le droit naturel, si longtemps
étouffé sous les formules, séduisait les avocats qui pro-
clament avec Pothier « la supériorité de la loi naturelle
sur la loi coutumière. » Nourri dans l'étude du droit romain, du droit canon, du droit coutumier, du droit
féodal, des nombreuses ordonnances royales et des
innombrables statuts locaux, le barreau est le témoin
quotidien des inconvénients que présente une législation
multiple et confuse, et par ses travaux de chaque jour il
en prépare l'unification. Mais s'il veut unifier nos lois, il
veut surtout les réformer et les *humaniser*. Déjà Filau-
gieri et Beccaria ont paru et les avocats ne sont pas les
moins ardents à réclamer un adoucissement des lois pé-

nales au nom de ce sentiment humain, qui est resté le caractère distinctif et l'honneur impérissable du xviiie siècle. Aussi, sous l'empire de ces idées généreuses, ils se laisseront parfois aller à des hardiesses que n'ont pas surpassées les plus hardis penseurs du temps, et l'on verra Domat, l'austère jurisconsulte, pressentir, dans des termes qu'on croirait empruntés au *Contrat social*, un de ces douloureux problèmes qui, un siècle plus tard, devait sortir menaçants de nos crises sociales, le *droit au travail*.

Avec les idées, la forme devait nécessairement se modifier. A l'austère majesté du vieux langage avait succédé une langue plus vive et plus hardie, mais qui trop souvent remplaçait l'éloquence par la déclamation, ce défaut caractérisque de toutes les époques de décadence. Le grand style du xviie siècle avait disparu, et avec lui l'élévation, l'ampleur et la vigoureuse sobriété du discours; mais le style du temps se pliait merveilleusement aux idées nouvelles, et malgré ses défauts, peut-être même à cause de ses défauts, il remuait fortement des esprits qui ne demandaient d'ailleurs qu'à être remués. On le voit, la transformation est complète : d'Antoine Lemaisre à Gerbier, il y a un abîme.

Cet esprit nouveau, ces allures plus vives, cette éloquence plus simple et plus hardie tout à la fois allaient prévaloir dans le barreau de Provence. Deux hommes surtout contribuèrent à les y introduire. J'ai nommé Portalis et Siméon. Tous deux, avocats célèbres, ils illustrèrent le pays après avoir illustré notre Ordre. Une étroite parenté, une amitié plus étroite encore, une rare conformité de sentiments, tout jusqu'aux hasards de la destinée devait les réunir. Tous deux assesseurs de notre province, tous deux exilés pour avoir eu raison trop tôt, associés tous deux aux plus grandes œuvres d'une époque où tout fut grand, le Concordat et le Code civil, votre cité, Messieurs, n'a pas voulu les séparer dans sa reconnaissante admiration, et j'ai la bonne fortune de pouvoir, en vous parlant de l'un, évoquer la grande image de l'autre, et de confondre ainsi, dans un même hommage, les deux gloires de notre barreau.

Tout les rendait dignes du rôle qu'ils allaient jouer. A l'un, la Providence avait départi, d'une main libérale, les facultés qui font les grands orateurs, l'intelligence vive, l'élocution brillante, la chaleur de l'âme ; à l'autre, les qualités plus solides et plus rares, peut-être, qui font les penseurs, la rectitude dans le jugement, la pénétration dans l'esprit, la variété dans le savoir. Chez Portalis, l'avocat faisait pressentir l'orateur dont la parole, après avoir victorieusement lutté contre la voix ardente de Mirabeau, devait, comme l'aigle au sein des tempêtes, se jouer, avec une aisance souveraine, au milieu des orages politiques. Siméon était différent, mais non pas moindre. Dépourvu du don inappréciable mais périlleux de l'improvisation, il n'en avait que plus d'ordre, de méthode et de clarté et, chose difficile entre toutes, il se montrait toujours égal à lui-même. Le premier possédait à un haut degré cette faculté puissante de généralisation, signe infaillible et rare privilége des grands esprits ; le second, cette précision dans la pensée et dans l'expression qui, aux ornements parasites substitue une sobriété féconde

et permet au plaidoyer d'être court parce que la prépara-
tion en a été longue ; chez l'un, c'était la parole avec toutes
ses séductions, l'éloquence avec tous ses entraînements ;
chez l'autre, la logique avec ses déductions puissantes, la
concision avec ses lumineuses clartés ; chez celui-là,
la passion qui subjugue ; chez celui-ci, la raison qui
persuade ; chez tous les deux enfin, et c'est là le suprême
éloge, la vertu égala le talent.

De tels hommes devaient se placer rapidement à la
tête de notre Ordre ; toutefois, comme leur parole répu-
diait les formes anciennes et paraissait empreinte des
tendances de l'époque, ils encoururent le blâme des vieux
praticiens. Non moins jalouse des antiques traditions judi-
ciaires, la magistrature s'associa à ces mesquines querelles
et le jour où Portalis plaida pour la première fois, le
Parlement, malgré les réquisitions de l'avocat général,
lui refusa le compliment d'usage. Un ancien s'approcha
alors de son jeune confrère et, comme pour le consoler
de cette humiliation : « Jeune homme, lui dit-il, voulez-
« vous devenir un avocat *causé* ? lisez les savants com-
« mentaires de Barthole, lisez Rubœus *de testamentis* et
« Mascardus *de probationibus*, et surtout ces vieux
« routiers Fachinœus et Farinacius qui ont envisagé les
« questions *ad utramque partem*. Tout cela vous fera
« plus de profit que les doctes rêveries des philosophes
« et du bonhomme Cicéron. — C'est le barreau, répon-
« dit Portalis avec conviction, c'est le barreau qui a be-
« soin de changer d'allure et non pas moi. » Portalis
avait raison : le barreau allait changer en effet et nous
avons essayé de décrire la transformation qu'il subit.

Cette transformation, cependant, fut moindre dans notre pays qu'ailleurs, parce que moindre aussi y était l'influence des idées nouvelles. En Provence, s'étaient conservées, avec les traditions du passé, ces austères habitudes et cette noble simplicité, dont l'admirable correspondance de Decormis et de Saurin nous offre le fidèle tableau. Dans les familles vouées au barreau, l'enfant puisait de bonne heure, au foyer domestique, cette forte discipline qui seule fait les âmes fortes; de bonne heure, il se créait une existence toute intérieure, fermée aux distractions du dehors et exclusivement consacrée à l'étude. Pour recevoir cette précieuse formation intellectuelle et morale, Siméon était bien placé. Disciple de son père, il en devint bientôt l'émule, et dès ses débuts, les athlètes les plus éprouvés le tinrent pour un adversaire avec lequel il fallait compter. Le 16 février 1770, il se présentait pour la première fois à la barre, et ce ne fut pas sans admiration que l'on vit un jeune homme de vingt et un ans parler avec une nerveuse précision la langue abstraite du droit et faire preuve d'une rare maturité d'esprit. Dès lors sa réputation fut faite, et elle ne se démentit pas dans la suite. Le palais n'a pas perdu le souvenir de la célèbre cause du testament de Mme de Valbelle, dans laquelle Siméon ayant paru se surpasser lui-même, l'avocat général crut devoir le féliciter au nom de tous et lui dire que « les grâces de l'élocution paraient « chez lui la maturité, l'expérience, la raison si calme « et si exquise de son père. »

D'ordinaire l'œuvre de l'avocat périt avec lui, et la postérité qui ne recueille de ses triomphes qu'un souvenir décoloré, s'étonne quelquefois du renom dont ils ont joui. Il ne devait pas en être ainsi de Siméon. Grâce aux manuscrits qu'il a laissés, nous pouvons ratifier le témoignage de ses contemporains et juger qu'il ne fut pas inférieur à sa réputation. Toutefois ces manuscrits, pieusement colligés et réunis en dix-sept volumes, manquaient encore à notre barreau dont ils constituent un des plus beaux titres de noblesse, lorsque, il y a quelques mois à peine, l'éminent petit-fils du grand avocat, obéissant à un sentiment dont nous avons apprécié toute la délicatesse, daigna faire don à notre Ordre de cette inestimable collection. Notre reconnaissance ne lui fit pas défaut, et je suis heureux de lui en offrir ici un nouvel et public hommage : d'autant que pour rendre ce don plus précieux encore il y joignait les manuscrits contenant les plaidoyers et les consultations de Sextius Siméon, nous permettant ainsi de comparer les œuvres du fils à celles du père.

Tandis que je lisais les unes et les autres et que je suivais, pour ainsi dire, pas à pas, ces deux laborieuses carrières, je ne pouvais me défendre d'un rapprochement que je ne saurais mieux exprimer qu'en citant ce que l'un des nôtres disait des œuvres d'Ignace et de Pierre Saurin : « On a là l'image de ce qui s'est passé au sein de « certaines familles de jurisconsultes jusqu'en 1789. Ce « n'étaient plus seulement des avocats habiles, c'étaient « des générations entières qui se transmettaient, avec « leur expérience, les monuments destinés à la perpé-« tuer (1). »

(1) Correspondance de François Decormis et de Pierre Saurin, avocat au Parlement de Provence, publiée par M. Charles de Ribbe, avocat. — Etude préliminaire, p. 22.

Il y avait aussi certaines charges qui, bien qu'électives, se transmettaient dans quelques familles, comme une sorte de patrimoine d'honneur et de dévouement traditionnel à la chose publique. Tel était l'assessorat. La Provence, on le sait, avait fait du respect de sa vieille constitution, une des conditions de sa réunion à la couronne de France. Or, aux termes de cette constitution demeurée vivante jusqu'en 1789, les intérêts du pays étaient confiés à quatre consuls électifs et bisannuels. C'était au second de ces consuls, choisi nécessairement parmi les avocats les plus célèbres et désigné sous le titre d'assesseur, qu'appartenait le gouvernement de la province et que revenait l'honneur de porter la parole et de tenir la plume dans les assemblées. Siméon fut investi, en 1783, de cette charge importante que son père avait remplie vingt ans auparavant. Il y fit preuve d'une remarquable habileté, et le meilleur éloge qu'on puisse faire de son administration est de dire qu'elle ressembla à celle de son père et à celle de son émule Portalis. Enfin, comme son père encore, Siméon avait été appelé à une chaire de droit dans l'Université d'Aix. Ce fut dans ses paisibles fonctions que le surprit la révolution de 1789.

Témoin des agitations de sa province, dont il avait tenté de refondre et d'améliorer la constitution, Siméon comprenait que partout des réformes étaient nécessaires et pressentait que l'heure était proche où l'on mettrait à les réclamer une insistance d'autant plus grande que plus longue avait été l'inaction. La France est le pays des longs sommeils et des réveils soudains. A la

volonté royale, convaincue d'impuissance, elle allait subs
tituer sa propre volonté trop longtemps étouffée et su
les ruines de l'ancien régime écroulé pendant une nui
célèbre, elle allait jeter les bases des sociétés modernes
Tout en applaudissant à cette œuvre généreuse, Siméon
qui oserait l'en blâmer? était du nombre de ceux qu
eussent préféré voir le souffle régénérateur partir d'er
haut et non d'en bas. A ses yeux; les enthousiasmes irré
fléchis ne cachaient pas cette vérité, depuis si tristemen
évidente, qu'on n'ouvre pas les digues au torrent long
temps contenu sans que ses eaux, rendues plus impé
tueuses par la compression, ne répandent la dévastatio
et la mort. « Il était de ceux, a dit de lui le comte Por
« talis, qui désiraient vivement que, sans interrompre l
« chaîne des temps, une sage organisation des pouvoir
« publics combinât ce que nos anciennes institution
« renfermaient de compatible avec les mœurs présentes
« et imprimât à la monarchie régénérée une vigueur e
« une stabilité qu'elle ne pouvait tenir désormais qu
« de l'heureux développement des libertés publiques
« Tel fut le vœu de sa vie entière (1). » Ce vœu étai
trop sage pour être réalisable.

Déjà le temps des sages réformes est passé et celui des
excès est venu : à la nouvelle des sanglantes exécutions
de la Terreur, la France répond par un long cri de désespoir et le désespoir provoque l'insurrection.

De tous côtés, les *insurgents* s'agitent et, pour opposer

____

(1) Discours sur la vie et les travaux de M. le comte Siméon Portalis, prononcé à la Chambre des Pairs, le 10 mars 1843, par M. le
comte Portalis.

un pouvoir au pouvoir sans frein de la Convention, ils tentent de réunir à Bourges une assemblée rivale. Elu membre de cette assemblée par le libre choix de ses concitoyens, Siméon juge l'entreprise insensée et refuse. Mais son concours est réputé indispensable dans ces calamiteuses circonstances, et presqu'en même temps on le nomme procureur général syndic du département fédéré des Bouches-du-Rhône. Il accepte cette fois, et n'use du pouvoir que pour prévenir les excès. A peine en était-il investi que déjà, forte de l'énergie de son action et de l'audace de ses projets, la Convention a triomphé et signalé son triomphe par de terribles représailles. Siméon, mis hors la loi, n'a que le temps de prendre la fuite et de se réfugier dans une barque génoise qui vogue vers l'Italie.

Les épreuves commençaient pour cette âme virile, mais elles devaient l'assaillir sans l'abattre. C'est le proscrit qui va consoler les siens et qui, écrivant à son fils, tracera ces lignes touchantes : « Mon fils, honore ma « mémoire par ta conduite. Je me persuade que les re- « commandations de ton père te préserveront des dan- « gers dont tu pourras être entouré. Je me souviens avec « attendrissement de celles que j'avais, à diverses épo- « ques, reçues du mien et que je conservais avec tant « de soin. J'ai pris avec toi la voie qu'il m'avait tracée « dans des circonstances bien moins malheureuses; « c'est la bonne puisque je la tiens de lui. Je me flatte « que tu ne nous démentiras ni l'un ni l'autre et que « Dieu bénira mes intentions comme je le bénis. » Belles paroles où se trahit une belle âme!

Après deux ans d'un exil pénible, le 9 thermidor ayant
ouvert aux proscrits du 31 mai le chemin de la France,
Siméon revint en Provence. Pour être changés, les temps
n'en étaient pas meilleurs. Le régime sanglant, tombé
avec Robespierre, avait suscité par sa chute une réaction d'autant plus implacable, qu'obéissant à un sentiment naturel, la vengeance, elle se croyait légitime. Il
fallait empêcher l'effusion du sang et protéger ceux-là
même qui l'avaient versé. Ce fut encore à Siméon qu'é-
chut cette mission non moins périlleuse que difficile.
Contraint une seconde fois d'accepter, *sous peine d'être
réputé mauvais citoyen*, les fonctions de procureur général syndic du département, son premier soin est de
faire entendre aux partis déchaînés un langage plein de
modération : « Braves et généreux citoyens, lisons-
« nous dans une de ses proclamations au peuple, vous
« combattez vos ennemis, vous ne les assassinez pas. On
« a pu attribuer à un sentiment indélibéré et irrésistible
« de premières violences, mais leur continuation accuse
« les ennemis et les victimes du terrorisme d'avoir aussi
« leurs massacres de septembre. Eh quoi ! nous nous
« plaignons qu'on immolait nos pères, nos frères inno-
« cents, sans aucune forme légale, ou sous des for-
« mes qui n'auraient été que dérisoires si elles n'avaient
« été atroces, et nous imiterions ce que nous voulions
« punir (1). »

Appelé plus tard à prendre la parole à l'occasion
de la fête instituée par la loi du 12 prairial an IV,

(1) Proclamation de l'administration du département des Bouches-
du-Rhône.— Fructidor, an III.

en l'honneur des martyrs de la tyrannie, il fait entendre à ses concitoyens des conseils non moins sages :
« Faites à la paix intérieure un dernier sacrifice, leur
« dit-il. En politique, les principes abstraits sont toujours
« dangereux. Souvent les conséquences rigoureuses dé-
« passent la suprême loi de la tranquillité publique. Il ne
« suffit pas de savoir ce qui devrait être, il faut encore
« peser ce qui, dans telles circonstances données, sera
« le moins nuisible au grand nombre et le plus utile à
« tous (1). » Dans toutes les grandes commotions sociales
il y a des moments où le plus grand bien consiste à empêcher le mal. C'est ce que faisait alors Siméon en atten-
dant de pouvoir faire mieux. Mais lorsque, en se sépa-
rant, la Convention eut partagé entre deux conseils lé-
gislatifs et un directoire exécutif, les pouvoirs que sa
puissante main avait tenu réunis, il fut envoyé par nos
pères au conseil des Cinq-Cents, où il prit place à côté de
Boissy d'Anglas et de Camille Jourdan. Dès son arrivée, sa
modération bien connue l'exposa aux plus injustes et aux
plus étranges attaques de la part du parti Jacobin. Accusé
d'avoir émigré, tandis qu'il avait été proscrit, d'être un des
traîtres qui avaient livré aux Anglais la ville de Toulon,
où il n'était jamais allé, et d'avoir fait partie d'un complot
royaliste dont il ignorait même l'existence, il n'eut pas de
peine à faire justice, aux applaudissements de l'assemblée,
de ces odieuses récriminations. Dès lors il prit une part
active à tous les grands travaux d'un Corps, auquel rien
de ce qui intéressait la chose publique n'était étranger,

(1) Discours prononcé à Aix, le 11 vendémiaire, an IV.

portant sur chaque question son judicieux esprit et se montrant tour à tour philosophe, jurisconsulte, financier, homme d'État (1). Il convient, parmi ses plus remarquables discours, de citer celui qu'il prononça, dans la séance du 5 pluviôse an V, sur la suspension du divorce par incompatibilité.

Dans l'ordre moral comme dans l'ordre social, la révolution avait tout détruit; la société domestique fondée sur l'inégalité, comme la société politique fondée sur le privilége, et, à toutes deux, elle avait donné pour fondement unique l'égalité. En cela elle avait eu grandement raison, mais par l'exagération même de ses principes, elle avait compromis son œuvre, et, pour mieux anéantir la famille féodale, elle avait anéanti la famille. Déjà, en plaçant sur la même ligne l'enfant légitime et l'enfant naturel, elle avait détruit l'essentielle prérogative du mariage ; elle s'attaqua bientôt au mariage lui-même. S'inspirant des doctrines philosophiques accréditées, timidement d'abord, dans les *Lettres persanes*, et plus tard ouvertement dans l'*Esprit des lois* par Montesquieu lui-même, elle rejeta, comme incompatible avec la liberté

(1) Ce fut, sur le rapport de Siméon, que le conseil des Cinq-Cents, dans la séance du 5 brumaire an V, prononça l'ordre du jour dans une discussion relative à l'infortuné Lesurques. Mais il est juste de remarquer que le conseil discutait d'après les données les plus vagues. Le Directoire exécutif s'était borné à lui communiquer un procès-verbal contenant les déclarations d'un nommé Coriol condamné comme complice de Lesurques. Coriol y protestait de l'innocence de son complice, mais quelle croyance attribuer à des révélations qui se produisaient ainsi après la condamnation, et qui, comme le fit justement observer Siméon, n'aurait pas motivé, sous l'ancien régime, des *lettres de révision*.

native de l'homme, l'indissolubilité du lien conjugal. Contrat purement civil, le mariage n'aura désormais d'autre durée que celle que lui assignera le consentement qui l'a formé ; bien plus, à la différence de la plus vulgaire convention, il sera résoluble au gré d'une seule des parties contractantes. Enfin, le caprice ou la fantaisie qui ont suffi pour le briser, suffiront pour le reformer, et la vie des époux pourra n'être qu'une série de mariages et de divorces. Siméon n'avait-il pas raison quand il proclamait qu'une pareille institution, loin d'être le remède du mariage, en était devenu la maladie. Il parla dans ce sens et défendit, en termes magnifiques, l'indissolubilité de l'union conjugale, qui seule peut rendre stable la famille et avec la famille, la société. « Il ne fut cependant ni
« injuste, ni exclusif : les inconvénients de certains ma-
« riages, il les reconnut. Mais à côté de ces inconvé-
« nients, il en montra de plus graves, et aux douleurs
« de quelques êtres qui souffrent d'une union mal assor-
« tie, il opposa les grandes douleurs de la famille dé-
« truite par la dissolution des mariages et de la société
« bouleversée par la destruction des familles. Tout en
« accordant le divorce dans des cas extrêmes et après des
« épreuves difficiles, il voulut que les droits des enfants
« fussent préférés aux caprices des époux, les devoirs
« des attachements aux fantaisies des passions, la durée
« des familles et l'avenir de l'État aux dangereuses in-
« constances des individus (1). »

(1) Notice historique sur la vie et les travaux de M. le comte Siméon, lue à la séance publique annuelle de l'Académie des Sciences morales et politiques, le 27 mai 1844, par M. Mignet.

Ce discours, demeuré le chef-d'œuvre de son auteur, excita dans tous les partis une unanime admiration, et deux hommes qui se rencontraient rarement dans leurs approbations, Chénier, dans son *Tableau sur les progrès de la littérature française*, et de Maistre, dans ses *Considérations sur la France*, l'ont cité comme un des plus beaux morceaux d'éloquence parlementaire.

De tels succès valurent à celui qui en était l'objet d'abord le secrétariat et ensuite la présidence du conseil : fonctions difficiles toujours, et que les temps allaient rendre plus difficiles encore.

On était à la veille du 18 fructidor. Dès que Siméon a connaissance des projets du Directoire, il ne veut pas que la Constitution du pays soit violée, sans qu'une protestation s'élève. En vain lui apprend-on que l'armée d'Augereau entoure le palais législatif, en vain lui conseille-t-on de chercher son salut dans la fuite, chef intrépide d'une assemblée proscrite, il pénétre, à l'heure accoutumée, dans la salle des délibérations, et, malgré les baïonnettes qui l'entourent, il déclare la séance ouverte. Aussitôt le général Maulin s'approche et annonce qu'il a ordre de faire évacuer la salle : « Vous ne con- « naissez donc pas, lui dit le président avec une noble « fermeté, l'article de la Constitution qui défend d'atten- « ter à la représentation nationale? Je vais vous en faire « donner lecture. — Ce n'est pas, répond le général, « pour entendre des lectures que je suis venu ici. Si « vous ne sortez pas, j'emploierai la force. — Eh bien! « faites avancer vos soldats, réplique Siméon. » Et alors seulement il déclare la représentation nationale violée et lève la séance. Le soir même, son nom était inscrit en tête de la liste de déportation arrêtée par le Directoire. Il avait défendu la loi, il était naturel qu'il encourût la haine de ceux qui venaient de la violer, et l'on peut dire qu'un pareil acte de courage, fût-il unique dans la vie de ce grand citoyen, suffirait à placer son nom parmi ceux qui ne doivent pas périr.

Obligé de prendre une seconde fois le chemin de l'exil, Siméon, après avoir erré d'asile en asile, finit par chercher un refuge dans l'île d'Oléron. Là, il recourut au travail, pour se soustraire aux ennuis de la captivité, et, s'adressant aux lettres qu'il n'avait jamais oubliées, et qui pour lui comme pour tant d'autres devaient être une consolation dans l'infortune, après avoir été un délassement pendant les jours prospères, il se mit à traduire les œuvres d'Horace.

Cependant l'heure était venue où la Providence, en donnant un maître à la révolution, allait donner un sauveur à la France. Jamais plus grande mission n'avait été réservée à un homme. Sur ce sol qui, depuis dix ans, avait si souvent tremblé, plus rien n'était resté debout : il fallait tout reconstruire. Œuvre immense que le Premier Consul parvint à réaliser, et à laquelle les noms de quelques grands citoyens devaient rester attachés avec le sien. Siméon fut un des ouvriers de cette grande œuvre la nature de son esprit et son attitude passée le rendaient éminemment propre à cette tâche.

Parmi les hommes de la révolution, il en fut qui se distinguèrent par un caractère particulier. Penseurs profonds, puissants théoriciens, au spectacle des abus à détruire et des réformes à opérer, ils s'étaient fait à l'avance le plan de la révolution qui s'annonçait, et avaient arrêté, dans leurs méditations abstraites, les bases du régime nouveau qu'ils comptaient élever sur les ruines de l'ancien. En apparence, leurs théories ne laissaient rien à désirer. Mais en croyant faire la part de tout, ils avaient oublié de faire celle des passions humaines. Aussi, voyez-les à l'œuvre : ils s'y mettent avec une superbe assurance, parce qu'ils n'ont jamais été aux prises qu'avec leurs propres idées; mais le temps marche, et, à chaque instant, ils se heurtent à l'imprévu jusqu'au jour où, leur impuissance démontrée, ils sont violemment remplacés par les hommes d'action qui déchirent le plan si longtemps caressé; et aux utopies décevantes substituent les réalités brutales. Plus tard, quand sera venu le temps de reconstruire, ces esprits spéculatifs, persuadés qu'on les a dédaignés, se renfermeront dans leur orgueil blessé et se tiendront à l'écart.

Siméon n'avait jamais été de ceux-là. Inaccessible au désenchantement parce qu'il l'avait toujours été aux illusions, instruit et non abattu par les mécomptes passés, fort enfin d'un passé sans reproche, il était prêt pour les grands travaux qu'on allait entreprendre.

Appelé dès son retour en France, après le 18 brumaire, à la préfecture de la Marne, il refuse ce poste important, donnant pour motif l'état de sa santé que le séjour d'Oléron a altérée. Presque aussitôt, le Premier Consul qui voulait peut-être le punir de ce refus, l'appelle, en même temps que Merlin, aux fonctions de substitut du procureur général près le Tribunal de cassation.

L'ancien ministre de la justice et l'ancien président du conseil des Cinq-Cents s'honorèrent tous les deux en acceptant une position si inférieure au rang qu'ils avaient occupé, et que Siméon devait, d'ailleurs, quitter un mois après l'avoir acceptée pour entrer au Tribunat. C'était là que le pouvoir appelait ses plus laborieux ouvriers : c'était là, par conséquent, qu'était marquée sa place.

Le Premier Consul poursuivait alors la réalisation de deux vastes projets : il voulait relever de ses ruines l'église de France ; il voulait, en second lieu, donner à la société régénérée une législation uniforme.

Religieux par ses grands instincts, il avait compris que toute société a besoin d'une religion. Or, impérieux dans tous ses temps, ce besoin l'était plus que jamais à une époque où les esprits, éclairés par les sinistres lueurs des orages qu'ils avaient traversés, commençaient à entrevoir, derrière les évènements qui s'étaient succédé, le doigt mystérieux de la Providence. Ces retours salutaires devaient amener une réaction au profit des idées religieuses. Le concordat en fut tout à la fois l'expression et la consécration. Laborieusement négociée au milieu de difficultés de tous genres, entravée par les scrupules de la cour de Rome non moins que par l'étroite opposition du vieux parti révolutionnaire, la convention avec le Saint-Siége ne fut signée qu'après de longs pourparlers. Restait à la faire adopter par les pouvoirs publics. L'entreprise n'était pas sans difficulté, surtout au Tribunat où dominait l'esprit philosophique. Siméon, qui avait appelé de tous ses vœux la restauration du culte et la cessation d'un schisme qu'il avait hautement désapprouvé à son origine (1), fut chargé de cette tâche peu aisée.

Il s'en acquitta avec une rare habileté, applaudissant, dans un beau langage, à la réconciliation opérée entre l'Église et la révolution, et montrant que si la première n'avait rien sacrifié de ses croyances, la seconde n'avait pas abdiqué ses principes.

C'est ainsi que des deux hommes que nous avons vus débuter ensemble au Parlement de Provence, l'un devait faire accepter le Concordat par la Cour de Rome, l'autre par le Tribunat.

Tous les deux aussi, ils allaient être mêlés à de plus grands travaux. Le temps était venu de réaliser l'unité de législation depuis si longtemps réclamée par les jurisconsultes. Déjà un essai de codification générale avait été tenté sous la Convention ; mais pour assurer le succès d'une pareille entreprise, il fallait une volonté ferme et une application soutenue : choses rares dans les temps agités. Maintenant le moment était bien choisi. En même temps qu'on était désabusé des abstractions rêvées par les législateurs qui se succédaient depuis dix ans, on commençait à comprendre que leur grande faute avait été de tout demander aux systèmes philosophiques et rien aux traditions historiques. Or, le droit n'était pas né d'hier. Au XVIe siècle, tandis que l'esprit humain, longtemps emprisonné, s'arrachait aux étreintes de la scolastique et s'élançait, d'un pas hardi, vers les conquêtes qui l'attendaient, la science du droit, participant à

______

(1) Siméon avait refusé de prêter serment, comme professeur à 'Université d'Aix, à la Constitution civile du clergé.

l'émancipation générale, brisait la sphère étroite où les glossateurs l'avaient tenue jusque-là enfermée. On scrutait avec une intelligente curiosité les monuments multiples de notre législation. Le droit romain, il est vrai, en sa qualité de droit dominant, faisait surtout l'objet de ces patientes explorations, mais en même temps se formait, avec Cujas et Donneau, une école qui, s'inspirant de cette idée qu'une législation morte, quelque soit sa sagesse, ne saurait servir de régulateur unique à une société moderne, se livrait avec ardeur à l'étude des vieilles coutumes et en faisait jaillir la source de notre droit national français.

Tout n'était donc pas à créer. C'est pour en avoir pensé autrement que les jurisconsultes de la révolution furent aussi impuissants à créer qu'ils avaient été actifs à détruire.

Il fallait éviter l'écueil dans lequel ils étaient tombés ; il fallait, d'autre part, tenir un compte légitime des inspirations de l'esprit philosophique. Telle était la voie à suivre. Sous l'énergique direction du Premier Consul, dont le génie dans ces grandes discussions devait apparaître plus saisissant encore que sur les champs de bataille, plusieurs jurisconsultes y entrèrent résolûment. Siméon était du nombre et son rôle ne fut pas le moins actif. Après avoir dirigé, au sein du Tribunat, l'examen du nouveau Code, il en devint un des principaux défenseurs devant le Corps législatif. Rapporteur des quatre titres concernant les actes de l'état civil, la manière dont on acquiert la propriété, le contrat de mariage et les contrats aléatoires, il montra, dans l'étude de ces vastes sujets, l'étendue de son savoir non moins que l'élévation de son esprit ; et c'est ainsi qu'après avoir contribué à faire la loi, il en donnait dans ses rapports le plus lumineux et le plus complet commentaire.

Enfant d'un pays de droit écrit, il devait défendre le principe de la dotalité si profondément enraciné dans les mœurs provençales ; mais, tout en manifestant ses préférences à cet égard, l'éloquent adversaire du divorce ne pouvait oublier que la communauté est, par excellence, le régime de l'union indissoluble. Aussi ne se montra-t-il pas exclusif : « Imposer la communauté à ceux qui ne « la veulent pas, dit-il, ou la dotalité à ceux qui la croient « moins assortie aux droits respectifs des époux, c'eût « été introduire la tyrannie dans le contrat qui doit être « le plus libre ; c'eût été substituer les abstractions théo- « riques aux convenances particulières. »

Cependant, poursuivie avec une rare activité, l'œuvre était déjà achevée, et Siméon pouvait dire au Corps légis- latif, dans la séance du 20 avril 1802 : « Quand le « temps, qui ne pourra effacer le souvenir de nos victoi- « res, en aura pourtant usé les trophées, sa faux dévo- « rante n'aura pu encore entamer notre Code civil ; soit « que nous goûtions le repos d'une paix glorieuse que « tous les Français souhaitent de conserver, soit qu'on « les force à une guerre qu'ils ne désirent pas plus qu'ils « ne la redoutent, le nouveau Code sera l'un des plus « beaux ornements de la paix ou l'une des plus grandes « consolations de la guerre. On y recourra, comme de- « puis tant de siècles on recourt à ces lois romaines où « nous nous honorons d'avoir abondamment puisé, mais

« que tout esprit impartial avouera que nous avons amé-
« liorées et perfectionnées. »

L'éloge était juste. Le monument ne devait pas périr
et, en contribuant à l'élever, Siméon avait mis le sceau à
sa réputation. Aussi fut-il désigné par quarante suffrages
sur quarante-deux comme candidat à la présidence per-
pétuelle du Tribunat. Mais le gouvernement lui ayant
préféré Fabre de l'Aude, il entra au Conseil d'Etat, où il
demeura jusqu'en 1807.

Ce fut à cette époque que l'Empereur lui confia une
haute mission. La Westphalie avait été conquise, érigée
en royaume et donnée à Jérôme Bonaparte. Il s'agissait d'y
faire pénétrer l'esprit de notre révolution et d'y acclimater
nos institutions civiles. On comprend les difficultés d'une
pareille transformation. Tout en sauvegardant les droits
de la conquête, il importait de ménager les droits du
peuple conquis et d'assurer, par une habile transi-
tion, le succès des idées qu'on voulait implanter. Ainsi
fit Siméon. Après avoir fait partie avec MM. Beugnot et
Jollivet, ses collègues au conseil d'État, de la régence qui
avait mission de constituer le nouveau royaume, il demeura le plus actif administrateur du pays. Chargé des
deux ministères de la justice et de l'intérieur; appelé, en
outre, à présider le conseil d'État qui, indépendamment
de ses attributions politiques, était revêtu des pouvoirs de
Cour de cassation, il fut le principal représentant de la
pensée impériale dans la nation conquise, jusqu'au jour
où, le sort des armes nous enlevant ce que le sort des
armes nous avait donné, la Westphalie se détacha de la
France et se fendit en pièces. Mais le souvenir de celui

qui l'avait si sagement administré devait survivre à ce royaume éphémère, et un jour vint où l'Allemagne paya à la mémoire de notre illustre concitoyen l'hommage non suspect de ses regrets (1).

L'heure du repos semblait venue pour l'homme dont nous avons suivi jusqu'ici la laborieuse existence, quand tout à coup l'Empire s'écroula. Servi auprès du pouvoir nouveau par ses sentiments monarchiques, Siméon est appelé à l'importante préfecture du Nord. A peine rendu à Lille, il y voit arriver, en fugitif, le roi Louis XVIII et, tandis qu'il adresse sa démission, les électeurs des Bouches-du-Rhône l'envoient à la Chambre des représentants où il siége en silence. Le temps des discours était passé; les événements parlaient plus haut que les hommes.

Après la seconde restauration, inscrit par le roi lui-même en tête de la liste du conseil d'Etat sur laquelle son nom a été omis par le garde des sceaux, et élu, presqu'en même temps, député du Var, il n'use de sa haute influence que pour donner des conseils trop rarement suivis. Mais la voix d'autres conseillers se faisait entendre. A côté des hommes modérés, disposés à mettre au service de la Restauration l'expérience qu'ils avaient acquise durant nos longues épreuves, se montrait un parti ardent qui, loin de s'inspirer des salutaires enseignements du passé, n'y puisait que des regrets stériles et ne voyait dans l'avenir que des rancunes à satisfaire et des priviléges à recouvrer. Ces fatales tendances se manifestèrent surtout lors de la discussion de la loi d'amnistie. Etrange

(1) La *Gazette d'Augsbourg* publia, le 9 février 1842, un magnifique éloge de Siméon.

aveuglement des partis ! Ceux-là même qui se montraient si jaloux des prérogatives de la couronne osèrent contester au roi la faculté de retirer le projet de loi. Siméon alors se leva : « Nul n'a le droit, s'écria-t-il, de plaider « contre la miséricorde du roi, la cause des échafauds, et « de revendiquer pour eux les victimes que sa clémence « veut leur soustraire. Ce n'est pas de sang que la France « a soif, c'est de tranquillité, de pardon et de sécurité ! » A ces éloquentes paroles, la majorité déchaînée répondit par d'inqualifiables insinuations, et le citoyen courageux, qui, sous le Directoire, avait dû se défendre d'une connivence imaginaire avec le parti de l'émigration, fut accusé par ce même parti d'avoir pactisé avec la révolution.

Siméon était au-dessus de pareilles attaques. Sans s'en émouvoir, il demeura fidèle aux intérêts du pays en servant une cause, dont la royauté n'aurait jamais dû séparer la sienne, celle des libertés publiques. Le jour où se forma un ministère disposé à marcher résolûment dans les voies constitutionnelles, on lui offrit les sceaux qui, sur son refus, furent confiés à M. de Serre. Inspecteur général des écoles de Droit, en 1819, Siméon acceptait, en 1820, sous la présidence du duc de Richelieu, le ministère de l'intérieur. Il ne fit qu'y passer. Aux craintes qu'inspiraient les progrès de l'opposition libérale vint se joindre l'épouvante causée par un exécrable attentat, et dès lors commença le règne de la réaction.

Nommé Pair de France, créé comte et pourvu d'une dotation, l'ancien ministre ne devait plus être directement mêlé au pouvoir. Mais il prit une part considérable aux travaux de la Chambre des Pairs ; défendant, en **1826**, dans la discussion de la loi sur les successions et les substitutions, le système successoral du Code civil qu'il appelait avec juste raison « *le bon sens de la législation*; » appuyant, la même année, le projet d'achèvement du canal des Alpines dont il avait inauguré l'établissement, en **1783**, comme assesseur du pays de Provence ; réclamant la permanence des listes électorales, une organisation plus libérale du jury, une législation moins restrictive pour la presse ; saluant enfin dans le ministère réparateur de **1827** le triomphe des idées dont il s'était fait le champion. Triomphe éphémère s'il en fut ! car déjà le spectre de la réaction a reparu présageant une lutte dont l'issue n'est pas douteuse. Siméon rédige la dernière adresse de la Chambre des Pairs et, aux paroles menaçantes et inconstitutionnelles qui terminaient le discours du roi, il répond en montrant que la sûreté du trône est inséparable du respect de la Charte.

Cette fois encore, les événements lui donnèrent raison et une nouvelle révolution se fit. Elle n'atteignit pas le courageux interprète de la Pairie, qui, après avoir conservé son siége, devait, par un des hasards de sa singulière destinée, succéder, en **1837**, à M. de Marbois, dans la première présidence de la Cour des comptes. Ce ne fut pas sans étonnement que cette grande compagnie vit un vieillard de quatre-vingt-huit ans diriger avec une surprenante activité ses graves travaux.

Ce robuste vieillard devait rester debout jusqu'à sa dernière heure ; mais, un jour, comme il sortait de la Chambre des Pairs, un souffle d'hiver l'atteignit ; il succomba le 19 janvier 1842. Ni les sereines espérances que donne la religion, ni les douces consolations des suprêmes adieux ne lui firent défaut. Il s'éteignit en bénissant ses arrière-petits-fils. Il avait combattu le bon combat : l'heure de la récompense était venue.

Devrai-je maintenant, Messieurs, à l'exemple de Pasquier terminant l'histoire du chancelier l'Hopital, vous convier à admirer « la teneur de cette incorruptible vie. » Ce simple récit ne vous a-t-il pas montré Siméon tout entier? Lui-même, d'ailleurs, semblait avoir voulu se dépeindre quand il avait dit de M. de Marbois (1) : « Il ne voulut « être d'aucun parti, que de celui des principes de jus-

(1) *Éloge de M. de Marbois,* prononcé, en 1838, devant la Chambre des Pairs.

Siméon aimait à rapprocher ce discours, qui clôtura sa carrière, d'un *Eloge de Henri IV* qu'il avait composé, en 1768, et adressé à l'Académie de la Rochelle. Il les appelait son *alpha* et son *omega*.

Les œuvres de Siméon mériteraient une étude que les limites, nécessairement restreintes de ce travail, ne nous ont pas permis d'entreprendre. Nous nous bornons à en donner l'énumération :

1° *Eloge de Henri IV,* discours qui a concouru pour le prix de l'Académie de la Rochelle en 1768 — Aix. 1769 in 8°. (Siméon eut pour concurrents Laharpe et Gaillard : le prix fut décerné à ce dernier).

2° *Choix de discours et d'opinions* — Paris. 1824 in-8°. (Discours prononcés de 1795 à 1814 aux diverses législatures dont Siméon a fait partie).

3° *Mémoire sur l'omnipotence du jury* — Paris, 1829 in-8°. (Extrait de la *Revue française*).

4° *Mémoire sur le régime dotal et le régime en communauté dans le mariage,* lu à l'Académie des sciences morales et politiques dans les séances des 9 juillet et 20 août 1835, et inséré dans le tome 1er du *Recueil des Mémoires de cette Académie* — 1837.

5° *Discours prononcé à l'occasion du décès de M. le marquis de Barbé-Marbois* à la chambre des Pairs, dans la séance du 17 janvier 1838 — Paris, 1838 in-8°.

« tice et d'ordre qui sont nécessaires à tous les gouver-
« nements pour leur durée et aux gouvernés pour leur
sûreté. » Ainsi se conduisit-il lui même. Sa haute intelligence, jointe à l'heureuse tempérance de ses idées, le
maintint, non pas en dehors, mais au-dessus des partis.
Durant les longues épreuves qu'il traversa, il sut se garder
également et des excès et des défaillances, conforma sa
conduite à la loi des principes non à celle des intérêts,
enseigna à ses concitoyens leurs devoirs plutôt que leurs
droits, et s'efforça toujours, selon le grand mot de Pascal,
de fortifier la justice et non de justifier la force. Exilé et
décrété de mort pendant la révolution, dont il avait partagé les idées mais non les passions, il n'usa jamais de
représailles dans un temps où rien ne fut si facile ni si
fréquent. Enfin, par ses nombreux travaux et ses longues
luttes, il a été l'un des plus fermes champions de la grande
cause de la liberté civile, et, à ce titre surtout, il a droit
à toute notre reconnaissance.

Messieurs ,

La mort n'a pas épargné nos rangs pendant l'année
judiciaire écoulée, et je manquerais à un devoir triste et
consolant tout à la fois si je ne rappelais ici les deuils
que nous avons éprouvés.

Plus d'un an s'est écoulé déjà depuis le jour qui nous
vit réunis autour de la tombe de M. Baret, l'un des plus

anciens et des plus vénérés de notre Ordre, et le temps n'a pas affaibli les regrets que nous causa cette perte.

Dès sa jeunesse, M. Baret s'était destiné au professorat, et notre Faculté de droit, à laquelle il mérita, par de brillants concours, d'être attaché en qualité de suppléant, n'a pas perdu le souvenir de sa science profonde et de son solide enseignement. Mais un jour vint où, croyant sa dignité blessée, il se retira, et, dès lors, il se livra activement aux travaux du palais. Riche d'un immense savoir qu'il augmentait chaque jour par de continuelles lectures ; doué d'un esprit merveilleusement propre aux abstractions juridiques ; habitué, d'ailleurs, par ses fortes études théoriques, à pénétrer les difficultés et les *nœuds* (1) de la science du droit, il excella dans les plus difficiles procès.

Qui mieux que lui a jamais réalisé le type de l'avocat tel que le concevait Laysel quand il écrivait dans *ses Dialogues* : « En somme, je désire en mon advocat le « contraire de ce que Cicéron requiert en son orateur, « qui est l'éloquence en premier et puis quelque science « du droit ; car je dis, tout au rebours, que l'advocat « doit être savant en droit et en pratique et médiocre- « ment éloquent, plus dialecticien que rhéteur et plus « homme d'affaire et de jugement que de grand et long « discours (2). »

Tel fut M. Baret : il eut la plupart des qualités qui font le grand avocat ; mais il eut toutes celles qui font

---

(1) Saurin disait, en parlant de la science du droit : *Nodosissima scientia* (lettre à Decormis, du 6 février 1721).

(2) *Dialogues des Avocats au Parlement de Paris* (opinion de Pasquier).

l'homme de bien ; et, si j'ajoute que nul mieux que lui, par la dignité de sa vie, par l'austérité de ses mœurs et par l'indépendance de son esprit, ne rappela les grands avocats de notre ancien barreau, j'en aurai dit assez pour faire comprendre combien notre Ordre a perdu en perdant un tel homme.

M. Lyon n'a fait que passer parmi nous. Depuis quelques mois à peine, il était venu chercher à Aix un repos mérité par une longue carrière, lorsque la mort l'a enlevé. Nous l'avons cependant assez connu pour juger combien son esprit était solide, son caractère sûr et son commerce agréable.

Vers le même temps, un écho parti de la terre étrangère nous apprenait qu'un homme, dont le nom avait emprunté à nos jours de crises une éclatante notoriété, venait de s'éteindre dans l'oubli, lentement consumé par les regrets de la patrie absente. Il se nommait Albert Pascal. Depuis longtemps, la politique nous l'avait enlevé, mais il avait occupé parmi nous un rang trop élevé, pour que son nom ne fût pas rappelé ici.

La mort soudaine de M. de Laboulie a excité, dans notre pays, d'unanimes regrets.

C'est à Aix, sa ville natale, que M. de Laboulie avait fait ses premières armes et remporté ses premiers succès. Bientôt, jalouse de ses précoces talents, la magistrature l'enlevait au barreau, et, après quelques étapes rapides, l'appelait aux fonctions d'avocat général. La Cour de Riom voyait déjà se réaliser les justes espérances qu'avait fait concevoir le passage du jeune substitut au parquet de Marseille, quand, tout à coup, cette brillante carrière fut brisée. Le jour où tomba la monarchie qu'il avait aimée et servie, l'avocat général descendit noblement de son siége et vint demander à notre Ordre une hospitalité qu'il n'a jamais refusée aux vaincus ; et si, plus tard, il porta sur un théâtre plus digne d'elles ses éminentes qualités, il ne nous en appartient pas moins tout entier.

Je ne saurais prétendre à tracer ici de cette grande figure un fidèle portrait ; d'autant, qu'après avoir loué l'avocat, j'aurais à rechercher dans nos annales parlementaires le souvenir des triomphes que l'orateur politique y remporta. Qu'il me suffise de dire que M. de Laboulie laisse un nom environné du double prestige d'un grand talent et d'un grand caractère.

Mais, ô fragilité de notre destinée ! quelques semaines s'écoulent, et voici que l'avocat éminent dont la parole avait payé, à cette grande mémoire, un éloquent hommage, vient pleurer devant le cercueil où est descendu son père.

M. Arnaud, dont la verte vieillesse semblait défier les années, venait d'être enlevé, dans quelques jours, à sa famille dont il était le chef vénéré, et à la cité, qui l'avait compté au nombre de ses administrateurs, et dans laquelle il ne comptait lui-même que des amis.

Comme M. Arnaud, M. Vachier, qui l'a suivi de près dans la tombe, avait acquis, dans une profession voisine de la nôtre, un juste renom d'intégrité et une universelle estime.